JN440071

가면서 흐르면서

가면서 흐르면서

김영철 시집

그루

시인의 말

겨울바람이 지나간 대지에
새봄이 오고 있는 길목

어느 날 오후
조용하고 단아한 카페에서
한 시인을 만나
갈무리해 두었던
내 삶의 흔적을 꺼내 보이며
한 권의 시집을 내기로 하였다.

내 혼이 다시 태어나는 날
뭉클하게 끓어오르는 감격을
마음 따뜻한 곳에
깊게 새겨두고 싶다.

2023년 새봄에
김영철

차례

2부

그때 그 시절 그리워

3부

가고야 말리

4부
연못 속의 삶

해설

1부

꽃에는 슬픔이 없다

한 그루 나무

나 한 그루 나무라면
비록 동량재 큰 나무는 되지 못해도
나름대로 쓰임 있는
한 그루 나무로 살았으니

모자라고 어리석어
갈림의 길이 되는 줄은
그때는 미처 생각하지도 못했던 무지렁이

상처는 아물었어도 흉터로 남아
늦게나마 과오를 자책하며
폭풍우 비바람도 억세게 버티고
나름의 나이테 새겼으니

아쉬움 많고 시름은 쌓여
동량의 꿈 접었어도
그나마 아쉬운 대로
서까래로라도 쓰임의 몫은 건진
나는 한 그루 나무였네

봄비

사르륵사르륵
벗님이 찾아오는 반가운 발자국 소리
고운 임 속삭이는 낮은 목소리
잠든 누리를 깨우는 따듯한 입김

봄비가 내린다
영혼에 다가오는 조용한 깨우침
먼 데서 프리지어 꽃다발 한 아름 안고
수줍게 찾아오는 소리

봄비 속에서 들리는
삼베 치마 끌리는 소리
사립문 밖에서 우산 들고 서 계시던
그리운 어머님의 목소리
저 봄비 속에서 들려오는 듯

꿈속에서

햇살이 눈부신 봄날
양지쪽에는 아지랑이도 졸고
선잠 속에 꿈을 꾼다

그 옛날
짓눌렸던 결재 서류 내려놓고
명소 찾아 상춘 여행
남녀 직원들 풋풋하던 웃음소리

마음속 낭만 가득했던 그 시절
문득문득 꿈속에선 되살아난다

씨앗에게

어디에서부터 생명은 시작됐는지
움틀 때를 기다리는
너의 모습을 보며
나는 숨을 죽여야 한다

너는 영원을 이어주는
모체의 염원이 서려 있고
왕성하게 자라 비바람 속에서도
쓰러지지 않는 모체의 기도가 있으니

너에게는 때로는 무거운 짐이 있으나
네가 품은 무한한 하늘
질기고 끈끈한 바람으로
길고 긴 세월을 견디고 나면
무성한 그 하늘 새로 열리고
향기로운 꽃 피어 세상을 밝히는구나

봄이 오면

봄이 그리운 것은
삶이 차갑게 얼어 있기 때문이고
봄이 그리운 것은
희망의 싹을 가지고 오기 때문이고
봄이 그리운 것은
온정 가득한 대지가 자비를 베풀어
숨었던 생명들에 숨을 불어 넣기 때문이다

새 삶을 주고
움츠린 민초들 가슴에 활력을 주어
살만한 세상이 될 것을 믿기 때문
봄이 그리운 것은
묵은 것을 벗고
푸른 희망으로 새 삶에
의욕 넘쳐 가슴 펴고 일할 수 있으니
그런 봄을 그지없이 고대하며
나는 오늘도 그리워하는 것

매화

가지마다
햇살이 맺혀 빛난다

꽃샘바람 속에서도
봄의 전령은 들이닥치고
화려한 그들만의 세상

순환의 굴레 속을 맴도는
희망의 자태
단아한 송이송이
선현과 만나
밀어를 속삭이며

교만하지 않고
은은하게 풍기는 향은
군자의 품성
매화는 군자의 꽃이다

상춘 감상

꽃은 피는 의미와
지는 의미
생각마다 자유로워
아쉬움과 설움
보람과 만족함을
감상하는 마음마다 다르다

슬픈 이는 서럽게
기쁜 이는 즐겁게
사색이 깊은 이는 숭고하게
마음마다 다르다

꽃 피는 모습은 희망이
꽃잎이 지는 모습은 숙연함이
보는 이의 마음마다
감상이 다르다

꽃에는 슬픔이 없다

꽃은 시들어
아름다운 모습 잃어도
슬퍼하지 않는다

꽃은 벌 나비를 불러
씨앗 맺음의 수단이었으니
슬플 일이 있으랴

기다림을 재촉하지 않고
슬기로워 가르침이 없어도
생의 지혜를 지니고 있으니
대견하고 사랑스러운 것

꽃에는 슬픔이 없다

가면서 흐르면서

가면서 흐르면서
누구나 그런 건 아니네
산다는 건
어떤 이는 가고 있고
어떤 이는 흐르고 있네

나, 이만큼 와서 뒤돌아보니
지난 세월이 보이고
살아온 궤적을 보면
실상과 허상이 헝클어져
종잡을 수 없음을

강물 따라가면서 흐르면서
알 수 없는 미래로 간다는 걸
실감하고 있네
세월은 파도를 넘어 수평의 품으로
모두를 가리지 않고 거두어 흐르고
그 속에 한 점으로 사는 내가 있네

세월이란 마법

내 모습 늙어 초라하다고
아름다운 추억조차 없으랴
지나간 젊은 날
불꽃같은 열정으로
삶의 초석을 다지며 흘린 땀
넘칠 만큼 흘렸지만
잦아드는 불꽃은
나의 탓이 아니니라
나를 밀어내는 세월에 맞서며
얼굴에 주름이 지고
검은 머리는 흰머리로 변했지만
마법처럼 살아온 세월
세월이란 마법으로
나 이제 여기 섰노라

춘분에

오시는 날 기다렸습니다
곧 오실 줄 알고 설레었습니다

우수 경칩 거느리고
창포물로 감은 머리엔 개나리 진달래
화관으로 장식하고
화려하게 오실 날 기다립니다

지난 추운 겨울에도
곱은 손으로 날을 세며 기다렸습니다
잠든 사이 몰래 오시거든
냇가에 잠든 버들강아지 깨우고
아이들 꽃바구니마다 희망 가득 담아
봄비에 고루고루 섞이어
온 누리에 따듯한 햇볕으로 내려주소서

내 인생을 회고하며

아침과 저녁이 변화하는 시대
청춘을 일에 쏟아붓고
기쁨과 슬픔의 긴 세월
비바람에도 흔들리지 않고 살았건만
삶의 흔적은 흘러간 강물처럼 자취 없고
파란 하늘만큼
끝이 없는 무궁한 공허
인생은 무상함이라 하던가
세월 따라
이마에 남은 주름골 깊어져 가고
먼 산 넘어가는
저녁 해도 애처로운 나이
나 이제야 석양에 서서
산천을 물들이는
장엄한 저녁놀의 마음을 알겠네

파란 꿈

온 산하는 푸른 신록으로 물들고
내 마음 또한 파란 꿈만 가득
희망에 부푼다
온몸이 파랗게 꿈으로 가득하고
번민의 시간 가셔내고
파란 나무 가득히 가꾸어
희망의 꽃 활짝 피는 날
비로소 인생을 노래하자

파란 하늘
파란 누리
파란 마음
파란 희망

내일도 파란 꿈만 꾸며 살자

도원과 노파의 기도

햇살 고운 고즈넉한
쇠뚜리 큰 산자락 양지바른 곳엔
성스런 노파의 사랑과 꿈이 가득한
도원이 있고 노파의 기도가 있다
봄이 오면 분홍빛 수줍고 요염한 자태의
복숭아꽃 화신의 축제가 황홀하고
거친 손 성스런 노파의 고운 꿈 소원이 간절하다
겨우내 칼바람 속에서
노파는 아지랑이 맞이하는 봄을 꿈꾸며
도원 나무들의 매무새를 다듬는 손길 자상하고
사랑이 거름 되어 튼실한 그루 된 복사나무가 싱싱하다
버들강아지 눈뜨고 얼음 속 샘물도 풀려 흐르는
이른 봄이 되면 노파의 설렘 속
기도가 곱게 봄꽃처럼 피어난다
물오른 나뭇가지 가지마다 눈 맞춤 하고
쓰다듬으며 가꾸는 정성 어린 손길
어느새, 어린 꽃눈은 기지개를 펴고
노파에게 감사의 눈웃음 인사를 보내며 수줍은
꽃봉오리 내밀어 요정 같은 자태의 꽃 나래를 편다
노파의 정성이 꽃이 되어 한 누리를 물들일 때면

비로소 노파의 주름진 얼굴엔 환한 미소가 피어난다
이마에 진 주름마다엔 정성과 성실, 사랑이 있고
거친 손엔 근면과 사랑의 자취가 새겨 있으니
어찌 성스럽다 하지 않으리오
노파의 사랑받은 꽃봉오리마다 열매로 보답하듯
노파의 땀방울이 보석처럼 탐스런 복숭아 되어
주렁주렁 보람의 결정을 맺는다
노파의 복숭아엔 사랑이 있고 정성이 깊게 배어있는
숭고함만이 보이는 듯 아름답다
노파는 사랑을 가꾸고 실천하는 어진 이가 아닌가
삼가 경의를 표한다

명상

맑고 고운 햇살이 누리를 감싸고
앞뜰 정원에 고운 꽃들이
간밤 항아가 내려 준 은빛 이슬에
몸을 닦아
청초한 자태로 은은한 향기 풍기는
고요하고 평화로운 꽃밭

눈부신 꽃향기에 취해
무심코 나는
한 발자국 한 발자국 다가서다가
문득 소스라치게 놀라 걸음을 멈춘다

지난 세월 속에서 찌든
주름진 내 모습을 보고
꽃들이 놀랄까 마음이 무거워진다
한참을 망설이다, 꽃밭을 나선다
맑은 물에 머리 감고
꽃처럼 향기로운 사람 되기를
반성하고 기도하며 명상해야겠다

낙화

눈부시게 아름답던 꽃들이
제 빛을 잃은 듯 늘어지더니
어느새 바람에
눈 오듯 쏟아지는 낙화
아름답던 꽃들의 시간은 가고
쓸쓸하게 스러져 날리는 낙화는 덧없지만
꽃잎이 서러워하랴

벌과 나비를 불러 제구실 다하고
정연의 질서를 지키는 낙화의 의연함
갸륵하고 대견스럽다

겉만 보이는 아름다움이
차라리 가벼움을
깊이 생각해보자
지는 꽃잎이 더 찬란하다

잡초의 꿈

너는 본디 잡초이거늘
저 붉고 우아한 장미꽃이 되고파
넋을 잃고
허튼 꿈을 꾸었구나

화사한 봄날이
이제 와 그립지도 않은가
허공에 날린 봄기운을 이제는 잊고
회한으로 빈손 나그네 되어
허리를 굽히는구나

너는 본디 잡초이거늘
가여운 여운은 잊고
잡초처럼 굳세어라

빈 삶

봄인가 했는데
무심코 보낸 세월은 가고
어느새 무성한 계절
내 있어도 있음을 모르고
타는 듯 무더운 더위 속
잠에서 깨어난 듯
소스라쳐 뒤돌아보니
한평생
구름처럼 흘러 멀리 떠나고
이제 봇짐 챙겨 새 길을 가려는데
어느덧 눈보라 휘몰아치고
날은 저물어 지나온 길마저
지워져 보이지 않지만
가자, 눈보라 헤치고
늦었으니 서둘러 가자

꽃씨에 담아 심어놓고

살다가 시름이 쌓이거든
흘러가는 구름 속에 실어 가라 하소서

살다가 슬픔이 쌓이거든
흐르는 시냇물에 씻어 가라 하소서

살다가 세상에 대한 분노가 쌓이거든
바람 불어 날려 달라고 하소서

살다가 그리움이 사무치거든
보름달 쳐다보고 전해 달라고 하소서

살다가 행복하여 즐겁거든
그 마음 꽃씨에 담아 심어놓고
두고두고 행복만 꽃 피게 하소서

노을과 비

저무는 서쪽 하늘, 붉은 노을
내일도 비 소식은 없고
타 들어가는 농부의 탄식만 깊구나
뙤약볕 속 거친 밭
웬 놈의 가뭄이 이리 심한지
말라 들어가는 곡식들을 보며
농부는 하늘을 우러러 탄식을 내뱉는다
비 좀 오거라
저녁노을 붉게 타는 듯하니
내일도 기다리는 비는 없겠구나
한숨이 깊어진다
웬 놈의 가뭄이 이래 길어지노?

고라니에게

눈빛 맑은 고라니
동화 속 캐릭터가 안성맞춤
너는 숲속에서 뛰노는 모습이 제격인데
철없이 이리저리
농부가 땀 흘려 가꾸는 농지에 무단 침입
농심을 괴롭혀 화를 부르는가
네 모습 귀엽다 해도
하는 짓 미우면 미운 놈 된단다
청정한 푸른 숲속 넉넉하련만
농부의 작물을 탐내는
미운 놈 되지 말고
너는 눈빛 맑은 모습 그대로
네가 살 곳 푸른 숲에서
곱게 행복하게 살았으면 좋겠다

바다가 그리워

6월! 나 어린 시절의 기억
삶을 찾아 정처 없이 헤매던
망망한 바다
그 바다가 그리워 바다를 그린다
바다는 희망이며
탁 트인 마음이다
바다는 수평선이고
이상의 평등이며
공평의 저울이다
바다는 포용의 자비이고
생명의 산실이며
삶의 터전이다
바다는 심판자이며
사나운 시련이고
죽음의 사자이며
고통의 시험대
바다는 천의 능력을 지닌
생명의 은혜를 베푼 곳
모든 것의 상징이다

별똥별

긴 빛으로 밤하늘을 가르며
이제는 이별을 고한다
밤하늘 저 별똥별은
서러운 눈물일까
그 사람 마지막 하직 인사일까
두 줄기 눈물이 흐른다
이별의 슬픔 다하고 나면
스러지는 허무함
하늘을 돌 때는
알아주는 이 없어 쓸쓸했을까
무명으로 살다가
아!
무명으로 돌아가는
저 하늘의 별똥별

동무들

시공 저 너머
초등학교 운동장
천진난만 친구들 모아놓고
그 속에 내가 있다
지금은 다시
되돌아갈 수 없는 그 시절
그때 그 동무 보고파
그때가 그립다
제 갈 길 찾아
멀리멀리 헤어진 동무들
지금은 세월 먹고 나이 먹어
흰머리, 얼굴에는 주름지고
세월이란 시공의 마술에 걸려
몰라보게 변한 그 동무들
그립고, 보고 싶다

바람 부는 날

쓸쓸하고 바람 부는 날
공연히 심란하여
마음 다스리려 눈 감고
구름처럼 떠다니는 상념 속
그때 그날을 그린다
동심으로 어우러져
다정했던 우정의 울타리 속
해맑은 모습으로 뛰어놀던
그때 그 시절 친구들
기억을 더듬어 빙그레 웃으며
비었던 마음 채워
외로움을 삭인다

그리움

눈을 감고 그림을 그린다
풍경 그윽한 곳
아담한 집 한 채
정원 벤치에 한 노인은
파란 하늘을 우러러
회상의 날개를 편다
고즈넉한 정원으로
옛 친구들 불러 모아
정다운 술잔 기울이며
옛날얘기로
행복한 웃음 짓는다

내 마음

내 마음
바람을 만나 성난 파도일 때
파란 하늘의 노래로 재우면
어느새 잔잔하고 순한 바다

시원한 바람 따라
오색 구름 일고
내 마음의 바다
주름진 내 모습 따라
파도가 밀려와 백사장을 적신다

오늘도
내 마음은 쭈그리고 앉아
어떤 파도일까 걱정되어
바람 소리에 귀를 세운다

길 위에서

가던 길 멈추고
잠시 돌아보며 선 자리에
고독이 밀려오고
길 잃고 헤매는 나그네 되어
바람에 흔들리는 나뭇잎만 보아도
쓸쓸하다
고독이 싫어
괭이 한 자루 들고
들판에 나서도
바람처럼 찾아드는 외로움
시름으로 보내는 날
흔들리는 시계추처럼
흔들흔들
세월에 실려
강물처럼 흐르는 나그네

국화의 계절

국화꽃이 가을을 불렀나보다
국화가 찬 바람으로 나뭇잎 흔들어
가을을 재촉했나보다
봄부터 피어나던 꽃들
여름철에 고운 자태로 피어나는
꽃들을 보면서
국화는 의연하게
때를 기다리는 의젓함이 있다
국화는 때를 알고
기다리는 슬기로움의 꽃
국화는 찬 서리가 왔음을 알고
나뭇잎들에 일러
가을을 깨웠나 보다

가을이 좋은 건

가을이 좋은 건
푸른 하늘 높고 고와 좋고
풍성하게 익어가는 들녘이 흐뭇하고
가을이 좋은 건
산천초목의 아름답고 고운 풍경과
산들바람 속에 마음이 풍요하니 좋고
가을이 좋은 건
맑은 하늘 밝은 달빛 속
줄지어 날아드는 기러기 돌아오니 좋고
가을이 좋은 건
풀벌레 귀뚜라미 우는 소리에
옛날을 회상하며 추억에 젖을 수 있어 좋고
가을이 좋은 건
국화꽃 아름답게 피고 향기로워 좋다

굴곡의 삶

검푸른 초록 물결이
세월이란 배를 저어
고색창연한 강가에 천천히 닻을 내린다
사공의 이마에 흐르던 땀방울도 그치고
고단한 어깨도 이제야 펴고 한숨을 뱉는다
세상 사는 일이
고난의 회오리 일고 나면
청명한 햇빛 새롭고
먼 길의 피로가 쌓이면
휴식 시간이 필요하듯
굴곡으로 번갈아 오르내리는 메처럼
그렇게 살아가는 것 아니겠는가
지난여름 힘들었던 일 잊고
가을의 풍요한 과실을 즐기자

2부

그때 그 시절 그리워

농부가 좋아

농사가 좋다
농사가 팔자라도 나는 좋아
가꾼 대로 거둘 수 있으니 좋고
맑은 공기 속 푸른 자연 속에서
일할 수 있으니 좋고
땀 흘려 일할 수 있으니 좋고
세상사 밖
섞여 다투지 않으니 좋고
천성의 바른길로만 갈 수 있으니 좋고
풍성한 가을 맞을 수 있으니
나는 농부가 좋아

가을을 재촉하며

가을이 찾아오면
이 여름 무더위의 의미를 알리
오곡의 열매를 알차게 채워
가을의 풍요를 준비하려 하였으니
그때 공연한 탓일랑 부질없는 투정
돌아오는 계절은 올해도 어긋남이 없는데
가벼운 사람만 저마다의 이해 따라
핑계를 삼는구나
이 여름도 세월 가면
아득히 먼 추억 속으로 사라질 것이니
먼 훗날 되돌아 생각하며 아쉬워 눈물지으리

가을 찬가

가을은 자연이 빚은 예술
모두가 경탄하고
유람의 기회를 놓칠세라
산마다 골짜기마다 인파가 몰린다
가을은 넉넉한 계절
꽃은 열매를 맺고
만물은 씨앗 맺어
우리에게 안겨준다
그러나 가을은 이별의 계절
맺었던 인연 버리고
겨울을 준비하는 계절
나무는 잎과 이별하고
씨앗은 줄기와 이별하고
계곡물은 산과 이별하고
여름내 늪이 품었던 철새와 이별하고
가을은 이별의 슬픔과
겨울의 기다림이 있는 계절

가을 속으로

가을 속으로 한 발 더
가을을 실어 오는 소슬바람에
새 발가락 같은 나뭇가지 끝자락 이파리들
흔들리며 나부끼는
달빛 고요한 밤
먼 들녘부터 댓돌 아래까지 풀벌레들
겨울을 준비하는 노랫소리
가냘프고 애처로운 밤
적막 속 고요를 타고 흘러
귓가를 스치는 바람이 시리다
자연은 계절 따라
오고 가는 것
한 번 가면 오지 못하는
강물 같은 시간 속에
너와 나는 또 다른 가을을 맞이한다

낙엽이 구르는 소리

바람에 날리는 낙엽
떨어져 땅 위를 구르는 소리
한겨울 바람에 떠는 나뭇가지도
나이테 하나를 더하며
그렇게 헤아릴 수 없는 역사가 된다

추억은 오래 머무는 것보다
추억의 한때를 남기고
흔적 없이 떠나는 것

머물러 구차한 것보다
밝고 맑은 고운 자취 남기고
티 없이 무상으로 돌아가
겨울 찬 바람에 맞서는 것

가을이 되면

가을이 되면
맑고 푸른 하늘 별빛이 반짝이는 것이 좋고

가을이 되면
실바람에 나뭇가지마다 산들거리는 어깨춤이 좋고

가을이 되면
달 속에 비친 그리운 이들 그려볼 수 있어 좋고

가을이 되면
어린 시절로 돌아가 빙그레 웃을 수 있어 좋고

가을이 되면
가을 속에 내가 홀로 있으니 더 좋다

가을 달빛 아래서

가을이 깊어져 갈수록
밤하늘 달도 한껏 차올라
손에 잡힐 듯 가까이 떠 있고
흐르는 달빛 아래 서 있으니
떠오르는 지난날의 추억들
헛된 꿈 속절없이 끌어안고 헤매던
그래도 그때가 그립고
지금은 황량한 거리
외롭게 떠도는 빈객 되어
맑고 찬 하늘
달빛 아래서 떨고 있지만
남은 세월을 기쁨으로 채워
웃으며 또 웃으며 보람있게 살았으면

그리운 그 시절

이럴 줄 알았으랴
지나고 보면 이리 아픈 것을
쌓여가는 세월
뒤돌아보고 또 보아도
손에 잡히는 것은 없고 그리움만 쌓여
눈부신 햇살 아래
푸른 하늘만큼 가득한 꿈을 품던
풋풋한 아이들
그때 그 시절 친구들 그리워
세월이 내 이마 주름살만큼
흘러온 지금
시린 가슴엔 뜨는 해도 시리고
흐르는 세월도 시리다

낙수

늦가을 어느 날
겨울을 재촉하는 차가운 비 내리고
처마 끝 타고 내리는 낙수는
가을을 보내는 이별의 눈물
추억 속 길 따라 옛날로 가도
그 시절 옛 동무들
환영으로만 남아있고
텅 빈 마음속 한구석엔
서러움만 밀려와
처마를 타고 떨어지는 낙수는
옛 친구들 그리워하는
내 마음의 눈물이네

작은 산새가 되어

높고 깊은 산골짜기
작은 산새 되어
옹달샘 맑은 물에
깃털 고르고 목 축이며
티 없이 고운 마음만으로
물소리 바람 소리에 춤추고
따스한 햇빛 비치는
푸른 창공 그리며 날다가
풀 향기 그윽한 둥지에 깃드는
숲속 작은 산새 되어
종일토록 노래하며 살고 싶네

만남

나를 부르는 너의 소리 있어
비로소 미소 지어 본다
나지막한 목소리에
먼 옛 추억 되살아나
지난 세월 속마음을 주고받던
그리운 정이 새롭고
가슴속 감추어 두었던 불씨 되살려
우정의 모닥불 피워 놓고
너와 나 둘러앉아
젊은 날의 그때를 되새겨 보자
꺼지지 않는 정열의 불꽃으로
새겨 놓은 그 길을
같이 걸으며
그때로 돌아가자
돌아가서 오래도록 머물렀으면!

겨울밤

겨울날 하얀 달빛 그늘 속에
고요한 전율이 흐르는 밤
눈 속에서 헤매듯 허기진 모습으로
정처 없이 떠도는 나그네
무슨 사연이 있어
시린 가슴 안고
길을 잃고 비틀거리나
헤매어도 헤매어도
닿지 않는 발길
기어이 어디로 가려는가
달이 밝아 잠들지 못하는 밤
달빛 아래 흰 눈이 고요히 빛난다
겨울밤 고요히 깊어갈수록
주름진 눈가엔 이슬이 맺힌다

겨울을 추억하며

한겨울 추위 속에서도
마음 훈훈한 것은
옛 겨울의 추억 때문이다
그 겨울 추울 때는
아궁이 군불 지펴 온돌 덥히고
방안에 화로 놓아 식구들 둘러앉아
재를 담은 화로 속에 고구마 묻어두고
화로 한구석 삼발이 위 뚝배기에는
구수한 된장찌개 보글보글
방안에는 온통 된장 냄새 배어도
점심이 되면 밥 끓여 둥근 상에 옹기종기
뚝배기 된장찌개에 동치미
끓은 밥 한 수저에 김장 김치 길게 찢어
목 젖혀 먹는 맛
그 추억에 추위가 있으랴
겨울 한가운데서
옛 추억은 마음을 훈훈하게 한다

허수아비

가을걷이 끝난 들판의 한겨울
달빛 아래 정적만 흐르는데
논 구석 가장자리에
홀로 선 허수아비
지난가을
할 일 있다며 당당한 모습으로 의젓하였더니
이제는 버려져 밀려났구나

갈래갈래 해진 옷자락 칼바람에 나부끼고
앙상하게 드러난 수수깡 같은 몸이
알몸 되어 떨고 있으니
전깃줄도 우는 겨울을 어찌 이겨낼까
무정한 세상사
쓸 때는 고마워도 다 쓰면 버리는 것
어찌 너만의 일이더냐

허수아비는
나는 한때 이 들녘 지키는 파수꾼이었으니
그냥 허수아비가 아니라고
내 아들이 허수가 아니라고

그것만 꼭 알아 달라고

눈꽃

천상에서 내리는
하얀 매화 꽃잎
그 꽃잎 낙화인 듯
바람에 날리는 눈송이
온 누리에 평등하게 뿌려
겨울 한때
순백의 세상을 만들 듯
쓸쓸한 세상살이에 지친 이들에게
포근한 휴식을 취하라고
천상에서 애휼을 베푸나보다

옛 벗의 전화

눈에 파묻힌 세상
적막이 흐르고
차가운 바람만 일어
외로운 늙은 나그네는
마음마저 심란한 때
뜻밖에 울리는 전화벨 소리
먼 옛날 정다운 벗의 다정한 목소리
반색하고 반가운 소식을 듣는다
모닥불 피어오르듯
조바심으로 그리운
상봉의 날을 기약하고
옛날로 돌아가
세상사 외로움 떨쳐버리고
겨울 산봉우리 쌓인 눈 녹아
시냇물 될 때까지
오순도순 이야기꽃 피워야지

겨울을 나는 새

밤새 눈 덮인 마당
창밖 나뭇가지에 앉아 떨고 있는
작은 새 한 마리

함께 놀던 무리는 흩어져
저마다 이리저리
온종일 헤매어도
주린 배 채울 길 없고

칼바람 부는 밤이 되면
어느 둥지에 깃들어 밤을 새우나
고운 노랫소리도 잊은 채
하루하루 고달픈 겨울
저 나뭇가지에 둥지 하나
매달아 줄까, 모이를 줄까

폭설 내리는 날

폭설이 내린다
쌓이는 눈 바라보는 마음이 쓸쓸하다
눈보라 속 희미한 그림자
먼 길을 서성이는 나그네
눈보라 속 뛰어가는 어린아이 애처롭고
길을 가다 지친 이들 시름에
눈보라 속 설움이 사무친다
온종일 흰 눈이 쌓이고
칼바람 눈보라를 일으켜
뺨을 에이는 고통보다
밤이면 머물 곳 찾아 헤매던
어느 겨울의 잔혹함이 사무쳐
하염없이 내리는 눈발을 보며
지난날 시련의 기억들
피란살이 기억이
휘날리는 폭설 속에서 되살아난다

군고구마

모닥불 잔불 속에
고구마 묻어 놓고
알맞게 익을 때를
조심스레 기다린다
잘못하면 설익고
늦다 보면 다 타버려 숯이 되는데
손녀들 기다리는 눈망울 보면
마음은 조급하고
다른 일 하다 깜빡 잊으면
헛수고 실망할까
마음은 벌써 잔불 앞에 서 있다

모르겠다

에라, 모르겠다
아무리 생각해봐도 모르겠다
누구에게 물어보면 좋을까
그것도 모르겠다
한 시대를 풍미했던 영웅들?
철학자들?
그 누가 이만하면 잘 살았노라고
장담할 수 있을까
나는 모르겠다
생각을 쥐어짜고 또 짜도
모르겠다
어떤 삶이 참되고 거룩한 것인지
어떻게 사는 것이 지고지순의 삶인지
나는 모르겠다
차라리
모르는 채로 무지하게
그냥 사는 거지 뭐

여승의 기도

깊어가는 산사의 밤
홀로 앉아 시래기 엮듯 세월을 엮는다
가슴 두근거리게 하던 봄날에도
가슴 활짝 열어 몸 식히고 싶던 여름밤에도
소슬한 가을바람 속 꿈꾸고 싶던
산사의 밤은 깊어만 갔다
찬 바람 휘몰아치는 한겨울 속
고요한 달빛이 처량하게
산사를 적막으로 흐르게 하는 밤
여승은 잠 못 이루고 세월을 엮는다
사파에서 헤어나려는 몸부림인가
전생 업보의 수행인가
깊은 밤 산사에 홀로 앉아
무념으로 수를 놓는 여승
세월을 따다 한 땀, 한 땀
별빛 따다 한 땀, 한 땀
달빛에 비친 수판에는
소슬바람이 있고, 풍경 소리가 있다
수행하는 여승의 기도가 있다
오늘 나는 스님의 혼이 담긴 수를 보며

맑은 산사의 고운 스님을 보고 있다

M박사님

그대도 이만큼 살았으니
인생을 헤아려
정반正盤의 인생을 알겠지요
남다른 수련으로 지성이 높으시니
분명 나와는 다른 인생
이치를 터득한 지성들은
참된 삶의 인생을 알겠지요
백성들은
쓰고 맵고 고달프고 괴롭다 하지만요
정심 공부는 게으르고
마음은 부평초처럼 떠다니고
그렇게 살다 보니
이제야 가슴이 막히고 답답해서
탄식만 내뱉는답니다
박사님 같은 인생이 가끔 부럽습니다

차타蹉跎에 대한 후회

오 대니 보이~
잔잔한 그리움 애절한 절규
산골짜기의 피리 소리가 들린다
내 전화 벨소리
그리던 친구의 목소리
울컥 그리운 마음 샘솟고
70년의 세월이 뒤엉켜
쓰나미처럼 밀려든다

그 옛날에 그와 내가 있던 자리엔
무심한 꽃들이 피었다 지기를 70여 번
차타蹉跎 탄식만 남고
저무는 햇살처럼
노을이나 고왔으면 하련만
창밖에는 바람에 나뭇잎만 나부낀다

CAFE 소고

숲속 작은 카페
달 등을 달고
별들로 조명등 삼아
한 폭의 풍경이 되는 곳
그 속에서 찻잔을 나누며
인생사 이런저런 일
담소가 만발하면
시름은 사라지고
기쁨의 꽃 피어나느니
안식의 요람이요
난삽한 두뇌의 안식처
마음이 헝클어져 힘들거든
내 속에 욕심 있나 살펴보고
마음 비워 가볍게 하며
그 카페는
무거운 마음 내려놓고
마음 치유하는 곳, 나도
그런 cafe 하나쯤 마련하고 싶다

여강과 이색

남한강 굽이쳐 흘러가는 곳
저 멀리 일엽편주 아물거리고
망국의 서러운 한을 품은
여말 충신 이색 선생

조정 사자가 건넨 사약 한 잔으로
명을 놓으니
그 맺힌 한이 오죽하였으리

흘린 눈물 강물 되어
7백 년 세월 흘러도
그날 그의 슬픈 역사
저 강물은 알고 말없이 흘러갔으리

게으른 새는 없다

새들이 날개가 있는 건
게으를 수 없는 삶
여명이 트는 시간 깨어
땅거미 질 때까지
수없이 많은 부리질로
겨우 주린 배 채우고
먹이 찾아 수백 수천 리
날개 없으면 어찌 살아가리
게으른 새는 없다
도태의 엄격한 규율이
결코 허용하지 않는다

사는 일

그리움 내 안에 자라고
미움도 내 안에 자라서
세월을 수없이 먹어도
내 안에 자라는 것
고뇌도 번민도
다 내 안에서 자라나니
수심도 슬픔도 내 안에 있다
씻을 수도 지울 수도 없는 것
들키지 않으려 깊이깊이 감추어도
내 안에 꼭 채워 자라나고 있다
숱한 세월 속 겹겹이 쌓인 짐
무거운 번뇌 되어 가슴 짓눌러도
내가 지은 업보이니
안고 가야지
언젠가 다 내려놓고 가야지

추억의 사진

덧없이 흘러간 세월
영겁으로 갔어도
지난날 그때 잡아둔
세월의 조각들 옛 사진을 보며
추억 여행을 한다

흐른다는 것은
가고 남지 않는 것
거슬러 돌아올 수 없는 것들
세월 따라 가버린 것들에
아쉬움과 그리움이 사무쳐
빛바랜 사진을 보고
또 들여다본다
흘러간 세월 속의 한때
웃고 있는
추억의 사진 한 장

회한만 남기고

흘러가는 세월의 배를 타고
간단없이 여기까지 왔으니
헤아려보지 않아도
아득히 멀었던 길
뒤돌아봐도 보이지 않고
추억으로만 남아
회한만 가득하다

덧없는 것이 세월이라던가
흘러간다는 것
다시 올 수 없다는 것
석양에 기대어 되돌아보는
회한은 늘 슬프다

참으며 산다

지위가 없으면
억울해도 참아야 합니다
가진 것 없으니
천대받아도 참아야 합니다

아는 것 없으면
답답해도 참아야 합니다
잘나지 못했으니
그리워도 참아야 합니다

힘과 용기가 없으면
짓밟혀도 참아야 합니다
서민 인생 참는 것밖에
할 수 있는 것이 없습니다
서러워도 참아야 합니다

그러나 언젠가는 민초들에게도
얼씨구 좋은 날 오리란 것을
참으며 믿고 삽니다

인생

살아보아 아노라
살다 보면 좋은 날도 있고
시름에 겨운 날도 있고
고난에 싸여 힘든 날 많지만
지나고 보면
없었던 것보다 낫단다

더미 같던 고민도
수렁 같던 고뇌도
지나고 보면 보람이 되고 약이 되어
세월이 헤집어 분해해버려
모든 것이 추억이란 이름으로 남고

아픔과 고난의 상처는 아물고
인생이란 큰 이름으로
언제나 도도히 흐르는 것이란다

3부

가고야 말리

달 속의 부모님

달 속에 항아 되신 어머님이 계신다
계수나무 아래 아버님 모습도 있다
사무치는 그리움 달래려고
달 속에 살고 계신다
고요한 밤이 되면
살며시
내 창문 안, 달빛으로
날 찾아오신다
부모님 그리워 잠 못 이루는
외로운 아들 달래려고
자애로운 눈빛으로
어루만져 주신다

사모곡

어머님, 그립습니다
낯선 곳에 피란 보따리 풀어
막막한 피란살이 살림 가진 것 없이
어린아이들 끼니 걱정에
잠 못 이루던 어머니
이웃집 도운 품삯으로 보리쌀 한 되 받아
아침 눈물로 쑤어 주신 시래기죽
그땐 어머니 눈물인 줄 몰랐습니다
점심 도시락엔
어머님 몫으로 채워진 것도 모르고
꾸역꾸역 먹어 치우던 철부지
그땐 어머님 끼니인 것을 몰랐습니다
품삯 일 끝내시고 고달픈 몸으로
사립문 들어서면 미소 지으시던 어머니
어쩌다 아들이 고뿔에 누울 때면
근심으로 밤새우시며
한밤중 목욕재계하시고
정성스레 정화수 차려
자식들 무병장수 빌어주시던 어머님
임종이 가까워도

자식 걱정으로 한숨지으시던
그 가없는 모정
가슴 시리도록 사무칩니다
세월이 갈수록
어머님 그리움은 깊어만 갑니다

한여름의 사부곡

외진 산속 옛 어른의 피와 땀으로 일구신 밭뙈기
허기진 배, 물로 채우시며
슬하에 네 자녀 배고픔을
눈물과 피멍울로 가슴앓이 하시며
피땀으로 온몸 흥건하게 젖어오는
낡은 베적삼 자락이 슬프다
산속은 고요한데 어디선가 울어주는
뻐꾹새는 이 늙어가는 농부의
소리 없는 한이 되어 멀리멀리 메아리 되어 퍼진다
뻐억국 뻐꾹
이제 나는 어른의 땀이 밴 이 밭을 가꾸며
옛 어른의 한을 생각하며
가슴 아파 눈물을 삼킨다
적막한 산속 황무지에 홀로
땀 흘리며 일구어 내신 산속 돌밭은
나에게는 황금의 밭이요, 어른의 얼이 서린
교정 같은 밭이 아니던가
뻐꾸기는 그때에도 지금도 슬픈 목소리로 메아리 되어
아버님의 추억을 실어 나른다
뻐억국 뻐꾹

물밀 듯 밀려오는 그 옛날의
아버님 가난한 삶이 가슴속 깊이 사무친다

명절이 되면

명절이 되면
돌아가신 아버님을 생각한다
실향민 아버님은
명절마다 뒷동산에 올라
마음은 파랑새 되어 고향 하늘을 날아
두고 온 산천을 떠돌며
실향의 아픈 마음 달래시곤 하셨다
오죽 한이 되셨으면
명절이 되면
고향 땅 보시려고
꿈에는 북녘 하늘 구름 타고
하염없는 눈물 삼키시며
고향 산천 내려다보시곤 했다
명절이면 변함없이
뒷동산에 오르시던 아버님
이제는 내가 올라
아버님 고향을 생각한다

겨울날의 사모곡

겨울 찬 바람 에이는 날이면
사무치는 그리움
언 몸으로 방문 열면
언제나 그렇듯
어머님 정성 방 안 가득
화롯가엔 된장찌개 끓고
이불 속 밥공기 꺼내
따뜻한 상 차려 주시며
밥 먹는 자식 안색 살피시던
어머니,
겨울이 오면 사무친 눈물이
추위에 몸 떨릴 때면
제 가슴속에 품은 어머니
그 모습 되살아납니다
아직도 그리운 어머니

실향의 한

수십 대를 이어 살던 고향
자유를 잃고
카인의 독기 어린 눈초리 두려워
모든 것 포기하고
고향까지 잃어
피눈물로 얼룩진 실향
언젠가는 다시 찾을 날 있으려나?
붉은 적도 기세등등하니
기약은 멀고
소망은 메말라
내 생전 어버이 영전에
기쁜 소식 전할 수 없을 것 같으니
안타깝고 죄송할 뿐

나, 가야 하리

나, 가야 하리, 가고야 말리라
살아서 못 가면
죽어 혼이 되어 찾아가리
철없이 어린 나를 업고
38선을 넘어 떠나온 고향
부모님이 그리도 사무치게 그리던 고향
끝내 소원을 못 이루시고
내게 상속하듯 소원 물려주셨으니
나, 기어이 가야 하리
부모님 마음 담아 고향에 풀어놓고
맺히고 맺힌 소원을
부모님께 알리기 위해서라도
가고야 말리라
죽어 혼이 되어서라도
나, 가야 하리

어버이 눈물

저 푸른 하늘에 뭉게뭉게
피어나는 구름 꽃아,
내 어버이 소망 담아
바람 타고 훨훨
내 고향에 이르거든
어버이 망향의 시름 전해주고
아무도 들어주는 이 없거든
전설로 남겨 두었다가
먼 훗날 통일되는
그날이 오거든
어버이 눈물 섞어 가랑비로
그리운 고향 산천에 내려주렴

생일 단상

내 생일은
어머님의 기쁨의 날
초인의 인내와 정성으로
그 진통의 아픔을 이기고
새 생명을 세상에 내놓은
어머니의 마음
그날 아니면 내가 있을까
사무치는 어머님의 은혜
그 품속에서 첫 숨을 쉬던 날부터
오늘날까지
나는 어머님 정성과 같이 살고 있다
오늘은 내 생일
어머님의 갸륵한 정성과 은혜를 생각하며
오늘 나 경건한 마음으로
가없는 어머니의 사랑을 기린다

아내의 미소

아내가 모처럼 활기차다
봄부터 흙 범벅으로 들에서 살 땐
온몸에 흥건한 땀으로
그리도 안쓰럽게 보이던 아내가
일 년을 공들여 기른 고추를
푼돈 받고 팔아 손에 쥐고는
모처럼 주름진 얼굴에 화색이 돈다
아내의 웃는 모습 보며
가슴속 뭉클 설움이 복받친다
현진건의 빈처가 생각나
모두가 부족한 나의 탓 같기만 해
가슴 저미는 슬픔을 느낀다
일 년을 한결같이 흙과 씨름한 땀 흘린 대가
푼돈을 쥐고 비로소 얼굴을 활짝 펴는
가여운 아내 모습
아내의 미소를 보는데
왜 이리 나는 가슴이 저밀까

아내의 모습

쌓여가는 세월의 짐이 버거워
아내의 곱던 얼굴에 잔주름이 자리하고
지친 모습 완연하다
연륜 따라 두꺼워진
아내의 눈에는 사랑이 있고
그 속에 깃들어 내가 산다
몇 십 번의 춘추가 지나는 동안
비바람 눈보라 거친 역경도
아무렇지 않게 이겨내고
가슴에 가득한 사랑만
고이 간직한 채 살아온 아내
거칠어진 손마디로
차려 주는 식단에는
아름다운 기도가 스며있다
가족의 건강을 기원하는 사랑이 가득하다
평생을 소박하고 순수한 일념으로
모진 세월 다 견뎌내며
알뜰하게 살아온 아내에게
내 사랑을 바친다

아내의 가을

봄날, 흙 범벅 땀에 젖어
한 알, 한 알 씨앗 뿌리더니
만추에 소담한 결실 보아
피곤도 잊은 채
거둬들이는 곡식 보며
빙그레 웃는 가을걷이
착한 마음, 건강한 아내 보면
덩달아 즐거운 가을
무엇과도 바꿀 수 없는 보람
돈으로도 계량할 수 없는
지극한 아내의 정성
배부름보다 마음 넉넉한
가을 들판처럼 풍족한 가을 아내
부디 요즘처럼 건강 지키고
보람 가득 풍요한 삶 오래 누리길

아내의 커피잔

심심한 침묵이 흐르는 시간
어느샌가 커피 한 잔 들고 선 아내
커피 드실래요?
아내의 웃는 모습 보며
행복을 느낀다
침묵의 순간을 사랑으로 감싸주는
한순간 다정한 정감 어린 한마디가
행복한 미소를 불러오는
아내의 마음씨
얼굴엔 주름이 늘고 백발이 된 아내
주름 속 감추어진 이쁜 마음씨
문득 사랑스러운 아내를 보며
오늘은 유난히 가슴이 뭉클하다
평생 애교는 몰라도
속 깊은 정을 가진
김이 나는 커피잔보다
내겐 더 따뜻한 아내

독백

주름진 아내 모습 보며
모두가 내 탓인 것 같아
가슴이 아프다
곱디곱던 그 모습 사라지고
가난한 살림살이에 찌들어
하나둘 늘어난 주름살
무심하게 흘려버린 숱한 날들
이제 남은 날 짧으니
이 많은 빚 언제 다 갚으랴
남은 날이라도
더 감사하는 마음으로
아내를 위해 힘써야지
사랑한다는 말 한마디
더 보태며 살아야지

내 마음

행복을 그리라면
아내 얼굴 그리겠다

소중한 것 그리라면
가족 얼굴 그리겠다

기쁘고 예쁜 것 그리라면
손자 손녀 그리겠다

가장 두려운 것 그리라면
종합병원 그리겠다

아내의 마음

아내의 마음은
유유히 흐르는 강물
세월 흘러도 그침 없고
헌신과 사랑 가득 싣고
맑고 고운 노래로
안식을 채워주는 헌신의 전도사
한결같이 있는 것 그대로
만족할 줄 알고
사랑의 샘을 파는
너그러움으로 산다
나는 모든 것 감싸 안는
강물 같은 아내 마음씨에
배를 띄워 돛을 올리고
먼 세월을 함께 흘러간다

행복 전도사

손자 손녀들 보면
무한의 가능성!
티 없이 맑고 고운 새싹이 싱그럽다
행복을 나르는 희망의 전도사
그 곱고 예쁜 새싹들이
아침 햇살 청아한 미소로
하루를 열면
금세 집안은 행복이 가득한 향기로 채워지고
엄마 아빠
정성으로 마련한 식탁엔
이슬보다 순수한 순백의 정성 가득
미래의 꿈을 마음속 사랑으로
보듬어 가꾼다
사랑과 행복, 희망의 미래를
일구어 간다
무한의 가능성을 활짝 피우며
새싹들이 자라난다.

사랑하는 딸 부부에게

내가 마련해 준 탁자에
도란도란 마주 앉아
담소 나누는 잉꼬부부
행복해 보여 흐뭇하네
어린 손녀들 엄마 아빠 거울삼아
자매가 소꿉놀이 행복을 배우네
사는 일 힘들 때 많아도
서로 위로하며 사랑 나누면
힘든 일 저 멀리 사라지고
하루하루 보람과 행복으로
지혜롭게 살아야 하느니
행복을 받으려 하지 말고
내가 먼저 만들어야지
늘 행복한 웃음만 가득하게
언제나 다정한 모습으로 살아야지

탁재목卓材木*

대서양과 태평양을 건너
내 몫을 하려고
이리 왔노라
행복한 부부에 다리를 놓고
사랑의 대화 자리를 만들어
금슬의 연을 이어
잉꼬의 생명을 잉태하는
그 모습을 보려고
먼 길을 왔노라
사랑은 행복을 낳고
행복은 활력을 이글거리게 하노니
내 몫에 고귀함을
이 부부에게 바치노라
행복의 고리를 이어
평생을 누리소서

*탁자를 만들기 위한 나무. 수입원목(호두나무)

손녀들 생각

꽃샘추위 눈 오는 날
하얗고 부드러운 고운 눈꽃 보며
순백이 이리 좋게 보이는구나
순백 고운 것 눈뿐이랴
우리 손녀 유완이도 예아도
꽃보다 곱고 슬기로운 손녀들
첫째는 첫째라서 어질고 지혜롭고
둘째는 둘째라서 개성 있고 아름답고
어찌 말로 너희들을 표현하랴
가끔 너희들이 찾아주어
행복한 미소 한 아름 나누어 주니
얼마나 기쁘고 고마운지
너희들 보고 있노라면
세상에서 제일 행복한 시간
세상에서 제일 행복한 할아버지 된단다

손녀를 생각하며

먼 길을 온다
외갓집 찾아온 손녀들
차 문이 열리고 방금 잠을 깬 손녀들
배시시 웃는 모습 너무 귀엽고
팔 벌려 품에 안기는 사랑스러운 손녀
먼 길을 오면서 무슨 생각을 하였을까
할머니 할아버지 보려고 찾아온 손녀들
지난번 봤을 때보다
더 맑고 성숙해 보인다
훨씬 예뻐 보인다
날이 갈수록 대견스럽게
성장하고 있는 선녀 같은 손녀들
큰놈은 재롱 늘고
작은놈은 말문이 터져
더욱 귀엽고 총명해 안아주고 싶다
건강하게, 지혜롭게, 착하게, 아름답게
더 넓고 더 높게 비상하여
너희들 세상을 만들거라

손녀 찬가

유완이가 온다, 예아도 온다
기쁨과 행복 가득 안고
두 손녀가 온다
어느덧 의젓하기까지 한 유완이
예쁘면서도 개성이 두드러진 예아
얼굴에 미소 가득
두 팔 벌려 사랑 가득
심성 착하고 예의가 반듯한 유완
귀여운 얼굴에 재치 넘치는 말솜씨 예아
두 손녀와 있을 땐
기쁨과 행복이 가득하다
두 손녀 놀다 가면 허전하고 아쉽다
언제 또 오려나
기쁨의 천사들
다음 만나는 날 기다리며
행복한 마음 가득 차오른다

나의 어린 스승

일주일은 멀다
한 달이면 너무 멀다
보고 싶은 손녀들을 보는 일이
희망이 되어
기다림이 기쁜 일이 되었다
기다려진다
손녀들은 나의 어린 스승
티 없이 맑고 총기 어린 눈동자
천진난만한 순수함
웃음과 친근감의 평화
그들에게 추억 거리 만들어
꽃들도 가꾸고 과일나무도 심고
신유완, 신예아
진정으로 사랑한다
나의 어린 스승들

부부의 연

백팔 번의 인연으로
옷깃을 스치고
몇 천 번의 인연으로
부부의 연을 맺을까
만나는 것은 연이지만
사는 것은 숙명
부귀, 행복, 영화
사는 날까지
숙명을 인력으로 승화해야
하늘의 도움이 있는 것
넓고 푸른 하늘은 희망
모두의 기회이지만
모두가 성공하여 향유하는 것은 아닌
의지와 노력의 대가
가는 길이 힘들고 험난해도
인고의 벽을 넘어
희망의 꽃들이 만발하길

반려견 젠

주변이 하나둘 비어가고
먼 추억만 공간으로 남아
외로움이 가득하다
정이 그리워
애완견 '젠'을 분양 받아
같이 놀아주고 산책하면서
교감을 나누어야지
나, 너와 함께
정을 나누며
저물어 가는 인생길
동반하여 가려 한다

짝사랑

풋풋한 시절에
연애 기억 없으니
사랑을 모를 거라고
아닙니다, 아닙니다
연애의 추억은 없지만
짝사랑의 열병을 앓았습니다
몸이 찢어질 듯
팔 벌려 잡으려 해도 닿지 않는 곳
그곳에 임이 있고
그리워 숱한 날 불면으로 가슴 태웠던
짝사랑에는
사랑도 있고 이별도 있었습니다
아픔만 가득한 애증의 불씨는
아주 꺼진 것이 아닙니다
꿈속에서 그 임을 보면
가슴이 미어질 듯 설레고
애틋한 그리움이 되살아납니다
지금은 추억이 되어
가슴속 깊은 곳 흔적으로 남았지만
휴화산처럼 마음속엔

마그마 이글거리듯 끓고 있습니다
그 불은 영원히 꺼지지 않겠지요
심화요탑 아시잖아요
이제 먼 옛일이건만
사랑과 이별의 아픔은 영원한 것
가슴속 깊이 남아 잠시
휴화산처럼 쉬고 있을 뿐입니다

별은 내 마음 알고

저 별 내 마음 같아
내 마음 서러울 땐 별도 눈물짓고
내 마음 괴로울 땐 별조차 수심 가득
저 하늘의 별들은 내 삶의 동반자

기쁨 가득 저 하늘의 별을 보면
반짝반짝 기뻐하고
행복한 날에 별을 보면
푸른 별빛도 행복에 겨워 영롱하게 빛나니

저 별과 같이 울고
저 별과 같이 웃고
저 별과 같이 행복한
저 별은 나를 이끄는 내 마음의 거울
저 별은 내 마음 알고
변함없이 사랑을 나누는 동반자이자 벗

동백 아가씨

잊었던 옛 추억을 깨운다
내 젊은 시절
푸른 제복의 용사가 되어
밤 행군에 지쳐 갈 때
고향 그리며 불렀던 노래
“동백 아가씨”
“그리움에 지쳐서 울다가 지쳐서~”
밤은 깊어가고
몸은 지쳤어도
푸른 제복의 자존심이 넘치던 그 시절
고향 그리며 부르던 노래 ‘동백 아가씨’
이미자 특별 콘서트에서
잊고 있던 그 시절 그 노래 들으며
추억의 그 시절로 가본다
푸른 제복의 용사가 되어본다

가요 따라

시절 따라 불렀던 가요
정처 없는 먼 길을 더듬어
가슴을 울리던 그때가 그리워
가요 따라 옛길을 간다
시냇물은 맑고,
청운의 꿈은 높고 푸르게 살아나고
잊었던 아픔이 되살아나고
정겨웠던 그날이 영화처럼 다시 보인다
안개 속을 거닐 듯
눈을 감고 거니는 그 옛날
되돌릴 수 없는 그 길이
왜 이리 그리운지
꿈같이 흘러간 세월
한 걸음, 한 걸음 지나와 살다 보니
예까지 지난날은 그리운 추억되어
내 안에 잠시 잠자고 있었으니
내 어찌 잊을 수 있으랴

4부

연못 속의 삶

10대의 추억

임이라 불러보지도 못한
멀고 높은 곳에 있는 이를
사모하는 것은
이성에 눈뜬 순수함 때문이고
속삭여 사랑의 대화를
한 번도 나누어 보지 못한 이를
임이라 생각하는 것은
그리움을 상상으로 사색한 탓이고
그리워 달을 보며
사무치듯 가슴 아파한 것은
머릿속에 파고든
용기 없는 어진 마음의 시름 탓이고
잊지 못해
그리워하는 것은
마음에 맺히고 맺힌
짝사랑 깊은 상처 탓이니

그리움

그리는 마음 피리 되어
마음 불어 전하니
내 마음 피리 소리
그대 창가에 이르거든
마음의 문 열고 나와
그때로 돌아가
옛길 거닐며
추억의 그리움을
길이길이 새겨주오

전우의 가슴마다

모처럼 옛 전우들 만나던 날
그네들 가슴마다 꽃들로 가득
저마다 간직한 소중한 꽃
한자리에 모여
만남이란 화병에
가슴 열고 꽃을 꺼내 장식하는
행복한 담소를 나누었다
지금은 흰머리
황혼길 나그네가 되었지만
흔적이 보이지 않는다고
그 시절 추억마저 잊었으랴
역사의 한 모퉁이에서
밤잠 설치며 불태웠던 젊음
그 보람이 초석 되었음을
우리 아닌 다른 이는 모르노니
우리들 가슴마다 가득한
보람으로 피운 꽃 한 아름

다짐

별들이 정성 모아
새날을 열고
새날은
잠 깨어 여명이 트는
새하얀 공백의 화선지
마음 가다듬고
물감 풀어
고운 빛 희망을 배경을 그리고
혼을 실어
화선지 위에 채색하며
정성과 보람의 땀으로
인생의 화선지를 채워야겠다

새 아침

시름 털고 벽을 넘어
신천지 광야를 달려 보자
희망의 날개 펴
창공에 날고
누리엔 카펫 깔아
오늘 살아있음을 노래하자
꿈이 있는 저력은 무한이며
가능은 현실이고
꿈을 딛고 선 것이니
희망의 신념으로
새 아침 눈부신 햇살
영광을 기도하자

소망

내 속에 한 그루 나무 심어
풍성한 잎들이 숨 쉬는 숨결 속
근심을 버리고 희망의 가지를
한 그루 나무
하늘에
가득한 별들도
내 가슴에 담아
지치고 처진 이들에게
하나씩 나누어 주는
가진 것 없어도 넉넉한 삶
소망의
마음속 한 그루 나무
울창하게 키우고 싶다

희망

임은 삶의 길이고 빛입니다
임은 보이지 않아도 아름답고
소리 없어도 향기가 있어
나에게 솟아오르는 힘입니다
아무리 멀리 있어도
나에게는 항상 삶의 길을 인도하여
임이 있어 살고
임이 있어 웃을 수 있고
힘들고 괴로워도 견딜 수 있습니다
임에게 가까워질수록
생명력은 샘솟아 올라
삶의 진정한 길 열어 줍니다
임은 보이지 않아도 내 안에 있고
소리가 없어도 내 머릿속 깊이 있어
진정한 삶의 동반자입니다

내 마음의 연못

내 마음속 연못이 좁아지고
메말라 가고 있다
샘솟는 맑은 물속에
평화 깃든 고요함 속,
생명이 넘치고 희망이 샘솟고
모두가 잠든 밤에도
수많은 별과 달빛도
맑은 물속에 영롱하게 살았는데
세월이 흘러
이제는 보잘것없는 내 마음의 연못
깨고 나면 허무한 꿈처럼
지난 세월, 모두 환상이었나
내 안의 연못인들
어찌 예전처럼 맑고 고운
그때처럼 머물러 있으랴
작고 메마른 연못이지만
오늘도 나는
구름을 담고 별빛을 담는다

연못 속의 삶

내 삶의 터전은 작은 연못
강과 바다를 모른다
가물면 목이 말라 몸부림쳤고
많은 비 내리면 넘쳐흐를까
걱정으로 날 새우고
그래도 행복한 삶이었나보다
강을 모르고 바다를 몰라도
연못 속 삶에 정붙여 살며
씨알 적은 물고기로 살았어도
모진 풍상 이겨내고
알뜰하게 살았으면
그것만으로도 행복해야지

바위 예찬

검은빛이 흉이랴
태고의 상징이니
긴 역사의 세월 증거인 것을
무거워서 탈이랴
경거망동하지 않고
듬직하게 처신함이 정중하지 않은가
미동도 하지 않아 탈이랴
가볍게 굴지 않으니 점잖지 않은가
변하지 않아서 탈이랴
굳은 정신 어찌 변하리
일편단심의 본보기가 아닌가
예쁘지 않아서 탈이랴
예쁘지 않으니 유혹 없어
모두에게 공평하다
언제나 바위만 같아라
수천 년 역사를 품었으니
모두의 선구자 스승이요
정중하게 신중하고
변함없는 신뢰와
평화와 공정하니

마침내 성인군자 아닌가

그때 그 시절

그때 머물 땐
행복이 가득했다
그들과 함께 노닐 땐
기쁨과 즐거움이 충만했다
그때를 떠나고 나서
시름을 앓게 됐고
그들과 헤어지고 나서
고독을 앓게 됐다
머릿속 갈무리했던
그때 그 추억!
세월이란 배가 너무 멀리 와
다시는 갈 수 없는
그때 그 시절, 그들이 그립다

친구를 그리며

먼 것도 아닌데
머뭇거리듯 서성였건만
이제
황량한 들판에 홀로 선
나 부르는 소리 있어
잠자던 옛날이 불꽃 되고
아련한 추억이 활활 타
그 옛날을 찾아 거닐어 보고
처마 끝 고드름 녹아내리듯
한 방울, 한 방울 눈물이 된다
파란 하늘 아래 풋향기 꽃봉오리들이
하얗게 시든 낙화 되어
휑하니 부는 바람에 나부끼고
그리움만 남아
초가지붕 처마에 고드름 녹아내리듯
한 방울, 한 방울
지난날을 헤어 가며
그리움에 눈물이 되어가네

하얀 세상

하얀 세상이 그립다
어둠이 오면 지그시 눈을 감고
하얀 세상을 그려 본다
별빛이 반짝이며 명멸하는 밤
내 마음 별에 부쳐
간절한 마음 그리며
하얀 세상 있는 곳에
그리움을 전해
이 일그러진 마음 털고
하얀 세상을 보고 싶다
어두운 밤길 서두르다
이리저리 부딪힌 멍 자국
그래도 별이 있고
하얀 날이 오기에
이 밤을 지새우고 아침을 맞이한다

후회

그리움 내 안에 있고
미움도 내 안에 있네
세월을 수없이 먹어도
그 마음 내 안에 자라는 것
고뇌도 번민도
내 안에서 자라고
수심도 슬픔도
내 안에 있다
씻을 수도 지울 수도 없는 것
보이지 않으려고
깊이깊이 감추어도
내 안을 꼭 채워 자라고 있다
숱한 세월 속 겹겹이 쌓인 짐
무거운 번뇌 되어
가슴을 짓눌러 와도
내가 지은 업보이니 안고 가야지
나의 짐이니 지고 가야지

정든 땅 1

너는 나에게 은혜의 땅
나는 너의 믿음의 지킴이
우리는 반평생을 함께하는 반려자였지
지난날
수없이 많은 사연으로 얽혀
영욕으로 물들었고
멍든 상처마다 훈장 되어 빛났지
사랑과 감사는 우리 사이의 상징
그런데 차마 표현할 수 없는
추억으로만 남을 순간이 다가오고
석별을 고할
아쉽고 섭섭한 날들이
긴 여운으로
오래 남을 것이다

세월 먹는 하마

나 살아있음에
울고 웃는 세월 먹는 하마 되어
지금에 있느니
갈등으로 고뇌하고
애증으로 가슴 끓고
그렇게 세월 먹고 사는 하마
보람의 세월은 없고
힘겨운 고난 가득한 세월만
먹었으니 기력 없이 야윈 하마
요즈음도
더러운 것 많고
갸륵한 것 적으니
맛없는 세월만 먹는 하마
나 살아있음에
아직은 가슴 뛰는 심장이 있어
좋은 것만 보고 싶은
미련으로 사는 하마

보람

무엇이 즐거우랴
땀 흘리며 하는 일 고단해도
그 보람이 가슴속에
흐뭇하게 느껴지니
이 보람 즐거움이 아니더냐
일을 찾아
오늘 하루해가 저무니
삶이란 그날그날
할 일을 찾아
땀으로 보람 찾고
일할 수 있으면
그것으로 족한 것임을
즐거움으로 삼아야지

세상은

세상은
별들이 반짝이는 캄캄한 밤하늘
삶은
큰 나무 기둥 타고 기어오르는
칡넝쿨, 담쟁이넝쿨
보이는 것들은
이리 떼들, 여우들
그리고 힘없는 토끼들,
내 바람은 봄이 오면
온 누리에 꽃이 피고
먼 들판 아지랑이를
다시 보고 싶다

무상

영원 속
찰나에 머물 것들의
부질없는 아우성
찢고 찢기고 울고 웃고
빼앗고 뺏기고
부질없는 각축의 아비규환
눈 감고 침묵하며 영원을 찾다 보면
모두가 무상이거늘
허상에 목을 매어
어찌 밝은 섭리의 길 보이겠는가
잠시라도
눈 감고 침묵하고
명상해 봄이 길이 아닐까

더불어 살자

더불어 산다는 것
살면서 외롭고 쓸쓸할 때 울타리가 되어주고
서로가 어려울 땐 사다리가 되어주고
마음과 마음에 다리를 놓아
화합으로 서로 돕고 사는 것
아름답고 화목한 세상
어둠 속에 등불 되어주고
목마를 땐 샘물이 되어주는 세상은
먼 상상의 꿈일까
아니다
마음만 바꾸면 이룰 수 있는 세상
각축으로 찌들어 상처투성이가 되어도
자기를 돌아보면 원망하지 못하리
진작 슬기로운 인식이 있다면
더불어 사는 지혜
모두 마음 모아
낙원 같은 사회
살아가야 하지 않을까

참회의 기도

깊은 사색은 황혼 속에 있고
꿈틀거리는 지난날의 허물들
덧없이 삼켜버린 세월을
이제 와 토해 낼 수 없으니
내 가여운 영혼을 어이하리
얼굴이 칠갑처럼 두꺼워지더라도
지난 허물일랑
더미처럼 남겨두고
구각에서 헤집어 새것을 꺼내
찬물에 몸을 씻듯 정제하고
하루하루 기도하는 마음으로
조심스레 정진해야겠다

골목길에서

나는 골목길만 걸어왔다
넓고 훤한 길을 모른 채
골목길만 걸었다
어느새 먼 곳, 넓은 곳은 보이지 않는
근시안이 되었다
밝은 길 접어두고
어둡고 비좁은 골목에서
헤어나지 못하는 못난이
가로등 네온사인이 휘황하게
비치는 도시도 보지 못하는
지독한 근시안이 되었다
익숙한 골목길만 찾아
비틀거리며 맴도는
가련한 신세 되어
오늘도 골목길을 헤맨다
넓고 훤한 큰길을 모른 채
골목에서 서성거리다
날이 저문 줄도 모르고

맴도는 인생

내 인생 맴돌이
어제도 맴맴
지금도 맴맴
팔십 바퀴 돌아도
그 자리
아무것도 모른 채 돌고
어지러워 비틀거리며 돌고
철없이 어이없는 헛돌이
정신이 들었을 땐
가슴 철렁 깜짝 놀라
의지 갖고 힘내어 맴맴
힘들고 숨이 차도
역겨워 구역나도
참고 또 참으며 힘겹게 맴맴
어느덧 여든 번 돌았건만
남는 것은 회한과 번뇌뿐인
껍데기 맴돌이
몸과 마음이 떨린다
마음부터 고쳐먹고
바르고 아름답게 꿋꿋하게 돌아야지

얼마나 더 돌 수 있을지 몰라도
내 인생 돌고 도는 맴돌이

혼잣말

주변에 누가 있어 속내 털어 이야기할까
둘러보아도 아무도 없으니
다만 홀로 지면으로나마
그때 그 속내를 적으며
부질없는 것 같아도
세월이 지난 후
다시 그날로 되돌아갈 수 있으니
그때 그 마음 읽을 수 있으면
아무러면 어떠랴
그날 내 마음의 독백인 것을
틀에 짜 맞추기보다
펜 가는 대로 편안하게
내 마음 가는 대로 적어 남길 뿐
답답한 심경을 어이하리

한계인

나는 보잘것없는 한계인
인내를 모르는 저능인
극기하지 못한 철부지
황금기 도량을 불사르고
향상의 가능성을 삭여버린
아쉬움, 안타까움이 서리서리
불타버린 잿더미 회한의 더미
응보는 차가운 얼음 속
시리고 저려도 그침이 없이
잔인한 채찍으로 자책하고
독한 맷자국에 피멍 들어도
회한만큼 아프지 않아
울고 또 울고
지울 수 없는 낙인은 고통으로
죽을 때까지 남을 회한

파랑새

파랑새 둥지를 잃었나
바람 따라 너무 멀리 날아와
길 잃은 파랑새
바람은 가벼워
불다가도 그치고
이곳저곳 가림 없이 정체 없는 것
파랑새 바람 따라가다
길 잃고 둥지 잃고
가련한 신세
석양이 서산 위에 붉게 타고
땅거미 다가오는데
갈 곳 잃은 파랑새
오는 밤
낯설고 외로워
이 길고 긴 밤을 어이하나

정든 땅 2

어찌 내가 너를 잊으랴
보낸다 하여 잊는 것 아니고
마음 한자리 남아 언제나 머무는 것
너와는 영영 떨쳐 버릴 수 없는
사연으로 얽혀 있고
고난을 함께한 동지의 땅이니
잊을 수가 있겠는가
너와 내가 맺은 인연 사이엔
부모님의 피와 땀의 혼이 있고
내 삶의 애환이 서린 고뇌와
보내야 하는 사연이 있음을
너는 알리라
너는 내 삶의 기운을 돋우고
땀 흘려 일할 수 있는 기회를 주었으며
생계를 위해 큰 몫의 도움을 주었으니
어찌 고맙지 않겠는가
정든 너와 이별이 가까워 오니
쓸쓸하고 허전함을 고백하노라

방범등

여명의 그 시간
창문 밖 방범등 불빛이 그믐달처럼 비쳐
그 빛 속 흐르는 여운,
살을 에이는 추위 속 고독한 밤
자장가 불러주던 어머니 마음처럼
삶에 지친 사람들 자애롭게 잠재우고
바람 부는 적막 속
차갑고 긴 밤을 홀로 지새우니
그 불빛, 고맙고 안쓰러워
새삼 마음에 새겨
우리도 어둠 속 한줄기 빛처럼
일상을 여미고 살아야 하네

미스터 트롯

칸캄한 어둠이 내린 밤
짙은 회색 구름 하늘을 가리고
별들도 숨어버린 칠흑 세상
두려움은 물밀 듯 밀려오고
신음으로 숨 막히는 시간이 지날 때
쓸쓸한 영혼을 적셔주는
정다운 노랫소리 들린다
삶의 영욕과 굴곡의 늪 보이는 듯
마음을 흔들어 적시고
절망에 시들던 영혼에
희망의 빛으로 내린다
메마른 가슴을 씻어 적셔주고
희망의 씨앗을 뿌린다
롤러같이 오르내리는 삶
굽이굽이 넘나드는 인생길
애환으로 얼룩진 삶의 소리가
거대한 강물처럼 흐르고
어루만지듯 메마른 영혼을 적신다
7성의 트롯맨이
힘든 세상에 희망의 메시지 보낸다

작은 마을 사람들

두메산골
작은 마을 사람들
외로울 것 같지만
평화롭다
가진 것은 없어도
서로 의지하고
상부상조하며
삶은 조용한 평화 속으로
아기자기
행복하게 살고 있다
질시와 반목 없이
평화롭게 살고 있다
다툼은 오해에서 오는 것
서로 이해하니
없는 이들 다툴 일이 있으랴

해설

한 남자의 삶, 한 남자의 절절한 사랑 노래

해설

한 남자의 삶, 한 남자의 절절한 사랑 노래

김 경 호 시인

여기 우리나라의 근대사 격동기를 오롯이 견디어 낸 여든의 한 남자가 한 권의 시집을 들고 우리 앞에 나선다. 현란한 수사와 불가해한 은유의 언어가 세상을 판치는 요즘의 시단에서도 이런 평범한 언어로 우리 가슴 적시는 따뜻한 시를 쓰는 시인이 있다.

오늘 아침에 한 편의 시를 읽고, 오늘 아침에 한 편의 시를 쓴 사람은 시인으로서 자격이 충분히 있다. 우리 인생의 희로애락을 붓 가는 대로, 추억을 더듬어 인생의 지혜를 펼쳐 보이는 시집, 다소 거칠고 투박하지만 그의 시선은 세상 구석구석을 더듬으며 우리에게 인생이란 무엇인지 어떻게 살아야 하는지 새삼 일깨워주고 있는 것이다.

이제 그 화자의 시편을 따라 '한 남자의 굴곡진 인생 행로'로 시간 여행을 떠나야 할 시간. 먼저 아래의 시를 보자.

임이라 불러보지도 못한
멀고 높은 곳에 있는 이를
사모하는 것은
이성에 눈뜬 순수함 때문이고
속삭여 사랑의 대화를
한 번도 나누어 보지 못한 이를
임이라 생각하는 것은
그리움을 상상으로 사색한 탓이고
그리워 달을 보며
사무치듯 가슴 아파한 것은
머릿속에 파고든
용기 없는 어진 마음의 시름 탓이고
잊지 못해
그리워하는 것은
마음에 맺히고 맺힌
짝사랑 깊은 상처 탓이니

—「10대의 추억」 전문

각박하고 야멸찬 이 시대를 살아내면서 우리는 먼 옛날 10대 때의 가슴 두근거림을 잊고 살아온 것은 아닌가. 여든에 들어서는 이 시인의 추억에도 감히 "임이라 불러보지도 못한" "사모하는" 이름은 엄연히 존재했었다. 차마 잊지 못해 "마음에 맺히고 맺힌 / 짝사랑"을 추억하는 이 화자는 심장에 더운 피가 가득히 끓고 있는 아직도 청춘인 것이다. 이러한 열정이 있어 오늘 아침에도 시를 읽고 쓰는 천생天生 시인인 것이다.

아래의 시는 전편의 10대에서 무려 70여 년을 뛰어넘어 현재 노년에 접어든 화자의 모습을 노래하고 있다.

내 모습 늙어 초라하다고
아름다운 추억조차 없으랴
지나간 젊은 날
불꽃같은 열정으로
삶의 초석을 다지며 흘린 땀
넘칠 만큼 흘렸지만
잦아드는 불꽃은
나의 탓이 아니니라
나를 밀어내는 세월에 맞서며
얼굴에 주름이 지고
검은 머리는 흰머리로 변했지만
마법처럼 살아온 세월
세월이란 마법으로
나 이제 여기 섰노라

—「세월이란 마법」 전문

인생이란 돌아보면 시인의 말처럼 "마법처럼 살아온 세월"이리라. 시인을 밀어내는 세월에 맞서며 비록 늙고 초라하지만 아름다운 추억이 왜 없었을까. 이북에 고향을 두고

온 부모님 생각, 역경이 닥쳐도 든든한 버팀목이었을 사랑하는 가족인 아내와 자녀들, 늘 정을 나누던 친구와 이웃들, 이 모든 것들이 인생을 회고하는 시인에게는 아름다운 추억으로 새겨지는 것이리라.

시인의 시선은 늘 새로운 것을 탐구하는 일에 눈을 열고 귀를 기울이는 오감이 열려 있다. 길가에 피어나는 풀 한 포기, 향기 나는 들꽃 한 송이도 세상 사는 이치에 맞게 나고 자라는 것을 화자는 이야기하고 있다. 가령 아래와 같은 시에서는 보잘것없는 한 톨의 씨앗에서 자라나 세상을 밝히고 향기롭게 하는 새로운 생명에 대한 경외감을 노래한다.

어디에서부터 생명은 시작됐는지
움틀 때를 기다리는
너의 모습을 보며
나는 숨을 죽여야 한다

너는 영원을 이어주는
모체의 염원이 서려 있고
왕성하게 자라 비바람 속에서도
쓰러지지 않는 모체의 기도가 있으니

너에게는 때로는 무거운 짐이 있으나
네가 품은 무한한 하늘
질기고 끈끈한 바람으로

길고 긴 세월을 견디고 나면
무성한 그 하늘 새로 열리고
향기로운 꽃 피어 세상을 밝히는구나

—「씨앗에게」 전문

한 개의 꽃씨가 땅 위에 떨어져 움틀 때를 화자는 "숨을 죽여야 한다"고 노래한다. 싹이 나고, 한 송이의 꽃을 피울 때까지 "비바람 속에서도 / 쓰러지지 않는 모체의 기도"가 한 포기의 꽃에게도 서려있다. "길고 긴 세월을 견디고 나면 / 무성한 그 하늘 새로 열리고" 드디어 "향기로운 꽃 피어 세상을 밝히는" 한층 고양된 새로운 세계를 지극하고 섬세한 시선으로 현상 너머의 세계, 시인의 열린 눈만이 볼 수 있는 유토피아 같은 세상을 보고 노래하고 있는 것이다.

이럴 줄 알았으랴
지나고 보면 이리 아픈 것을
쌓여가는 세월
뒤돌아보고 또 보아도
손에 잡히는 것은 없고 그리움만 쌓여
눈부신 햇살 아래
푸른 하늘만큼 가득한 꿈을 품던
풋풋한 아이들
그때 그 시절 친구들 그리워
세월이 내 이마 주름살만큼
흘러온 지금

시린 가슴엔 뜨는 해도 시리고
흐르는 세월도 시리다

—「그리운 그 시절」 전문

우리 인간은 추억을 먹고 산다고 했던가. 결코 녹록하지 않았을 여든의 삶 속에서 인연으로 만난 그리운 친구들. 이제는 고인이 되어 이 세상에 없을 수도 있는 옛 친구들과의 추억을 생각하며 그리워하는 화자의 마음을 담은 시편들이 여러 편 보인다. 그 시절 '초등학교' 친구들은 다 어디서 무엇을 할까. 돌아보면 70여 년을 생각하며 자주 잊으며 헤쳐온 세월. 그 세월을 시인은 "세월이 내 이마 주름살만큼 / 흘러온 지금 / 시린 가슴엔 뜨는 해도 시리고 / 흐르는 세월도 시리다"라고 하면서 인생의 황혼기에 시린 그리움을 토로하고 있다.

봄이면 새들은 물오르는 나뭇가지에서 바쁘게 노래하며 서로 짝을 찾는다. 짝을 찾아 둥지를 짓고 알을 낳아 새 생명을 창조하는 것이다. 그러나 찬 바람 부는 한겨울, 전깃줄이 바람에 우는 혹한 속에서 나뭇가지에 앉아 떨고 있는 작은 새 한 마리. 그 작은 새 한 마리에게 화자의 섬세하고 아름다운 마음씨는 눈길과 마음이 닿아 있다.

아래의 시를 보자.

밤새 눈 덮인 마당
창밖 나뭇가지에 앉아 떨고 있는

작은 새 한 마리

함께 놀던 무리는 흩어져
저마다 이리저리
온종일 헤매어도
주린 배 채울 길 없고

칼바람 부는 밤이 되면
어느 둥지에 깃들어 밤을 새우나
고운 노랫소리도 잊은 채
하루하루 고달픈 겨울
저 나뭇가지에 둥지 하나
매달아 줄까, 모이를 줄까

—「겨울을 나는 새」 전문

천지 사방에 눈이 내려 하얗게 덮인 세상. 철없는 아이들은 좋아라 하며 눈밭을 뛰어놀겠지만, 겨울을 나야하는 새와 짐승의 입장에선 먹이를 위한 생사가 위태로운 지경이 되었다. "창밖 나뭇가지에 앉아 떨고 있는" 작은 새의 입장에서 생각하는 시인. 모든 생명에 대한 애틋한 사랑을 보여주는 이런 시를 쓸 수밖에 없는 사람은 시인일 수밖에 없다. 세상의 모든 생명체는 한 번 밖에 없는 삶이며, 우주의 시간으로 보면 우리 인간의 100년도 찰나에 지나지 않으니 귀하고 소중하지 않은 생명이 어디 있으랴.

또한 김영철 시인의 시편들 중에는 가족에 대한 지극한 사랑을 느낄 수 있는 가족 찬가의 시편들이 많아, 읽는 이의 가슴을 훈훈하게 한다.

모닥불 잔불 속에
고구마 묻어 놓고
알맞게 익을 때를
조심스레 기다린다
잘못하면 설익고
늦다 보면 다 타버려 숯이 되는데
손녀들 기다리는 눈망울 보면
마음은 조급하고
다른 일 하다 깜빡 잊으면
헛수고 실망할까
마음은 벌써 잔불 앞에 서 있다

—「군고구마」 전문

손자, 손녀는 눈에 넣어도 아프지 않다고 하였던가. 전후 세대들이 살았던 젊은 시절, 물자도 부족하고 가난하여 생계를 위해서 힘든 삶을 살면서, 정작 나와 가장 가까운 아내와 자식에 대해서는 무관심하게 살았던 것은 아닌가. 이제 노년에 들어 세상 보는 눈이 넓고 깊어져 관조하는 시기가 되어 얻은 손자와 손녀들은 할아버지, 할머니 입장에서는 인생 노년의 비타민이 아니던가. 오랜만에 할아버지 댁을 찾은 손녀들을 위해 준비한 고구마가 "잘못하면 설익고 / 늦다 보면다 타버려 숯이" 될세라 조바심하며 모닥불 잔불 앞에서 서성이는 화자의 심정을 따라가 보면서 빙그레 웃음이 나는 것을 참을 수가 없다.

우리나라는 6·25 전쟁을 겪은 후 두 세대가 바뀌는 세월이 지난 70여 년이 흘렀다. 아래의 시는 70여 년이 흘러도 여전히 세계 유일의 분단국가로 남은 우리나라의 아픈 현실을 바라보며 고향을 북녘에 두고 온 화자와 화자의 아버님을 위한 사부곡이 아프게 읽힌다. 고향을 버리고 눈물로 떠나온 타향에서 거처할 곳이 외진 산속, 전쟁으로 황폐해진 산천을 피와 땀으로 일구어 생활의 터전을 마련한 우리 대부분 어버이들의 이야기이기도 하다.

외진 산속 옛 어른의 피와 땀으로 일구신 밭뙈기
허기진 배, 물로 채우시며
슬하에 네 자녀 배고픔을
눈물과 피멍울로 가슴앓이 하시며
피땀으로 온몸 흥건하게 젖어오는
낡은 베적삼 자락이 슬프다
산속은 고요한데 어디선가 울어주는
뻐꾹새는 이 늙어가는 농부의
소리 없는 한이 되어 멀리멀리 메아리 되어 퍼진다
뻐억국 뻐꾹
이제 나는 어른의 땀이 밴 이 밭을 가꾸며

옛 어른의 한을 생각하며
가슴 아파 눈물을 삼킨다
적막한 산속 황무지에 홀로
땀 흘리며 일구어 내신 산속 돌밭은
나에게는 황금의 밭이요, 어른의 얼이 서린
교정 같은 밭이 아니던가
뻐꾸기는 그때에도 지금도 슬픈 목소리로 메아리 되어
아버님의 추억을 실어 나른다
뻐억국 뻐꾹
물밀 듯 밀려오는 그 옛날의
아버님 가난한 삶이 가슴속 깊이 사무친다

—「한여름의 사부곡」 전문

잿더미만 남은 전쟁 후의 이 땅에서 어린 네 자녀를 부양하기 위해 화자의 부친은 이렇듯 "눈물과 피멍울로 가슴앓이"를 하신 것이다. 보릿고개 시절의 배고픔이 일상이던 시대에 봄이 깊어가는 산천에 울려 퍼지는 뻐꾸기의 노랫소리는 더 서글프게 들려왔을 것이다. 그 뻐꾸기 소리는 아직 들려오는데 '실향과 이산의 아픔'은 이 시대에도 엄연한 현실로 남아 천만 이산가족은 기약 없는 만남을 고대하며 아직도 눈물짓고 있는 현실이 안타깝다.

겨울 찬 바람 에이는 날이면
사무치는 그리움
언 몸으로 방문 열면

언제나 그렇듯
어머님 정성 방 안 가득
화롯가엔 된장찌개 끓고
이불 속 밥공기 꺼내
따뜻한 상 차려 주시며
밥 먹는 자식 안색 살피시던
어머니,
겨울이 오면 사무친 눈물이
추위에 몸 떨릴 때면
제 가슴속에 품은 어머니
그 모습 되살아납니다
아직도 그리운 어머니

—「겨울날의 사모곡」 전문

이산과 실향의 아픔을 안고 먼저 가신 부친을 생각하면서 팔순의 화자는 가난한 살림살이에도 겨울이면 '따뜻한 이불 속의 밥 한 그릇'을 꺼내 밥상을 준비해주신 모친의 추억을 잊지 못하고 있다. 아직도 "밥 먹는 자식"의 안색을 살피시던 그 자상한 모습을 생각하며 울컥 눈물이 솟는 화자는 어머니 앞에서는 여전히 어린아이의 시절로 돌아가고 있다.

또한 김영철 시인의 많은 시편들은 아내에 대한 사랑과 애틋함을 노래하고 있다. 아내의 일거수일투족을 살피며 기뻐하고 안타까워하고 고마워하는 마음이 자연스럽게 독자들에게 전해져 가슴이 찡해져 온다.

아내가 모처럼 활기차다
봄부터 흙 범벅으로 들에서 살 땐
온몸에 흥건한 땀으로
그리도 안쓰럽게 보이던 아내가
일 년을 공들여 기른 고추를
푼돈 받고 팔아 손에 쥐고는
모처럼 주름진 얼굴에 화색이 돈다
아내의 웃는 모습 보며
가슴속 뭉클 설움이 복받친다
현진건의 빈처가 생각나
모두가 부족한 나의 탓 같기만 해
가슴 저미는 슬픔을 느낀다
일 년을 한결같이 흙과 씨름한 땀 흘린 대가
푼돈을 쥐고 비로소 얼굴을 활짝 펴는
가여운 아내 모습
아내의 미소를 보는데
왜 이리 나는 가슴이 저밀까

—「아내의 미소」 전문

우리 인생이 너무 한결같으면 지겹다고 누가 말했나. 화자는 "일 년을 공들여 기른 고추를 / 푼돈 받고 팔아 손에 쥐고는 / 모처럼 주름진 얼굴에 화색이 돈다"라고 이른 봄부터 힘들게 가꾸어 거둔 고추값을 손에 받아 쥐고 기뻐하는 모습을 보고 가슴 뭉클함을 느낀다. 더 나아가 "현진건의 빈처가 생각나 / 모두가 부족한 나의 탓 같기만 해 / 가슴 저미는 슬픔을 느낀다"는 대목에서는 진한 부부애를 느낄 수 있다. 그 외 「아내 모습」, 「아내의 가을」, 「아내의 커피잔」, 「독백」, 「내 마음」, 「아내의 마음」 등 시편에서도 아내를 향한 절절한 사랑의 찬가가 이어지고 있다.

또 수줍은 어투로 자녀를 향한 아버지로서 사랑의 마음을 담뿍 담은 시 한 편을 보자.

내가 마련해 준 탁자에
도란도란 마주 앉아
담소 나누는 잉꼬부부
행복해 보여 흐뭇하네
어린 손녀들 엄마 아빠 거울삼아
자매가 소꿉놀이 행복을 배우네
사는 일 힘들 때 많아도
서로 위로하며 사랑 나누면
힘든 일 저 멀리 사라지고
하루하루 보람과 행복으로
지혜롭게 살아야 하느니
행복을 받으려 하지 말고
내가 먼저 만들어야지
늘 행복한 웃음만 가득하게
언제나 다정한 모습으로 살아야지

—「사랑하는 딸 부부에게」 전문

사랑하는 딸이 출가하여 자식을 낳고, 가족끼리 오순도순 정답게 이야기 나누며 웃는 모습을 화자는 흐뭇한 시선으로 바라보고 있다. 또한 눈에 넣어도 아프지 않다는 손녀들의 성장과 재롱에 행복을 배우고, 행복은 받으려고만 하지 말고, 자신이 만들어야 하는 것임을 사랑하는 딸에게 일깨우고 있다.

나 한 그루 나무라면
비록 동량재 큰 나무는 되지 못해도
나름대로 쓰임 있는
한 그루 나무로 살았으니

모자라고 어리석어
갈림의 길이 되는 줄은
그때는 미처 생각하지도 못했던 무지렁이

상처는 아물었어도 흉터로 남아
늦게나마 과오를 자책하며
폭풍우 비바람도 억세게 버티고
나름의 나이테 새겼으니

아쉬움 많고 시름은 쌓여
동량의 꿈 접었어도
그나마 아쉬운 대로
서까래로라도 쓰임의 몫은 건진

나는 한 그루 나무였네

—「한 그루 나무」 전문

사나이로 이 땅에 태어나 마땅히 나라와 가문의 기둥이 되어야 사나이의 삶이라 하겠지만 화자가 돌아보는 삶은 후회는 있으나 나름 '쓰임 있는 나무'로 한평생을 살아왔음을 자평하고 있다. 필부의 삶이 어디 그리 쉬운 일인가. 폭풍우와 비바람에도 가지 꺾이지 않고, 쓰러지지 않으며 꿋꿋하게 견디어 낸 이 땅의 이름 없는 수많은 서까래 같은 아름다운 삶들이 있었기에 이 나라도 한 채의 튼튼한 한옥처럼 이 강산에 굳건히 존재하는 것이리라.

화자가 노년에 들어 회고하는 삶은 "아쉬움 많고 시름은 쌓여 / 동량의 꿈 접었어도 / 그나마 아쉬운 대로 / 서까래로라도 쓰임의 몫은 건진 / (…) 한 그루 나무" 같은 삶이지만 어찌 아름답고 장엄하지 않겠는가.

하루에도 수십 권의 시집이 쏟아지고 시인들에게, 지인들에게 배달되고 있다. 독자에게서 멀어진, 아무리 읽어도 도무지 의미를 알 수 없는 시들이 넘쳐나는 이 시대. 그러나 김영철 시인의 시편들은 어렵지 않게 공감하고 독자들에게 마음의 공명을 일으키고 있다. 독자로부터 외면 받는 낯선 언어들의 배열이 없는, 있는 그대로의 시의 의미가 오히려 더 진솔하게 가슴으로 다가온다. 여기 실린 적지않은 시편들이

쉽게 이해된다고 해서 깊은 고뇌와 성찰 없이 쓰여진 것이 결코 아니다.

이 시집을 계기로 더욱 정진하시어, 앞으로도 청년과 같은 시에 대한 열정으로 김영철 시인의 시가 더 단정하고 격조 있는 시로 독자들의 사랑을 받고, 한층 깊어지는 계기가 되기를 기대하며 첫 시집을 묶은 아름다운 용기에 큰 박수를 보내드린다.

김영철 시집

가면서 흐르면서

초판 1쇄 발행 2023년 5월 10일

지은이 김영철
펴낸이 이은재
펴낸곳 도서출판 그루

출판등록 1983. 3. 26(제1-61호)
주소 42452 대구광역시 남구 큰골 3길 30
전화 053-253-7872
팩스 053-257-7884
전자우편 guroo@guroo.co.kr

ISBN 978-89-8069-486-0